Impressum
Verlag: BABADADA GmbH, Nedderfeld 112 , 22529 Hamburg
Geschäftsführer / Verlagsleitung: Harald Hof
Druck: Books on Demand GmbH, In de Tarpen 42, 22848 Norderstedt

Imprint
Publisher: BABADADA GmbH, Nedderfeld 112 , 22529 Hamburg, Germany
Managing Director / Publishing direction: Harald Hof
Print: Books on Demand GmbH, In de Tarpen 42, 22848 Norderstedt

school

xikolo

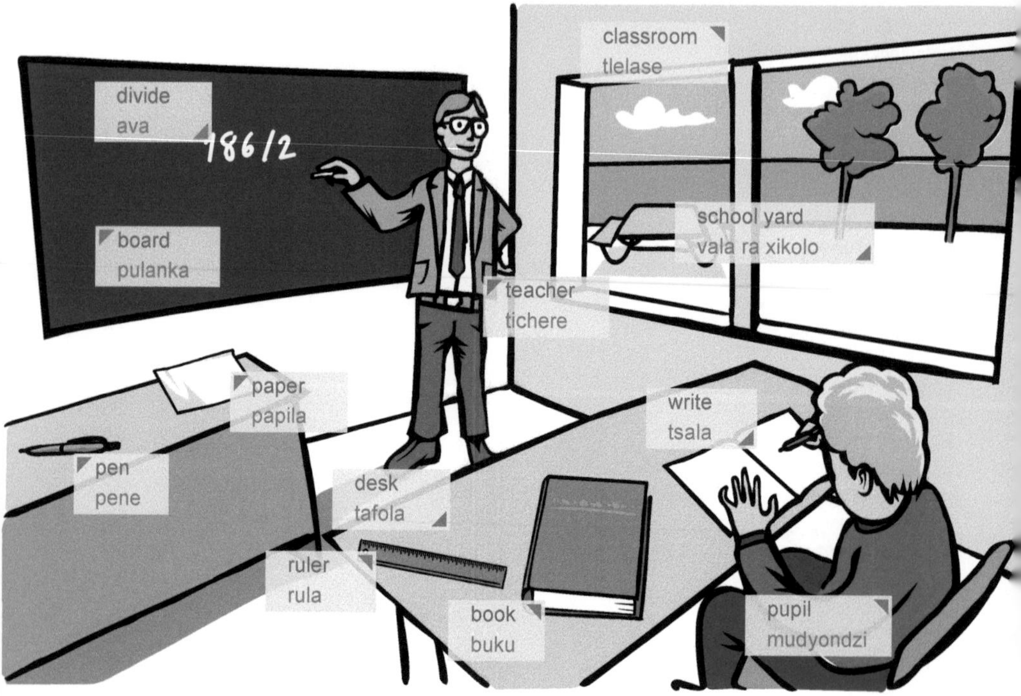

classroom
tlelase
divide
ava
186/2
board
pulanka
school yard
vala ra xikolo
teacher
tichere
paper
papila
write
tsala
pen
pene
desk
tafola
ruler
rula
book
buku
pupil
mudyondzi

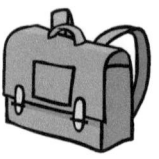

satchel

xinkwamana

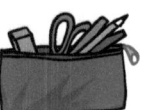

pencil case

bokisi ra tipensele

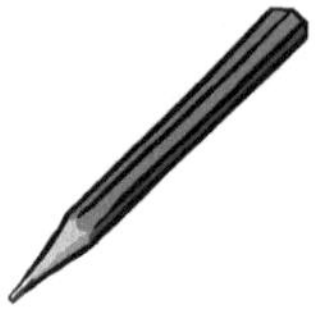

pencil

pensele

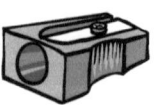

pencil sharpener

muchini wo vatla tipensele

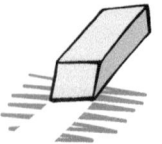

rubber

rhaba

drawing pad

papilo ro dirowa

drawing

xifaniso lexi diroweke

paintbrush

burachi ro penda

paint box

bokisi ro penda

scissors

xikero

glue

xidamarheti

exercise book

buku ya xikolo

homework

ntirho wa le kaya

number

nombhoro

add

engeta

subtract

susa

multiply

andzisa

calculate

hlaya

letter

letere

alphabet

maletere

hello

word

rito

text
....
rungula

read
....
hlaya

chalk
....
choko

lesson
....
dyondzo

register
....
tsarisa

examination
....
xikambelo

certificate
....
xitifiketi

school uniform
....
swiambalo swa xikolo

education
....
dyondzo

encyclopedia
....
nsonga-vutivi

university
....
univhesiti

microscope
....
makhiriskopu

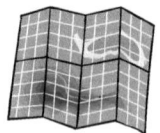

map
....
mepe

waste-paper basket
....
xikotela xo lahla maphepha

travel
kufamba

hotel
hotele
Grand
hostel
hositele
ROOMS
EXCHANGE
currency exchange office
ndhawu yo cinca mali
suitcase
putumendhe
car
movha

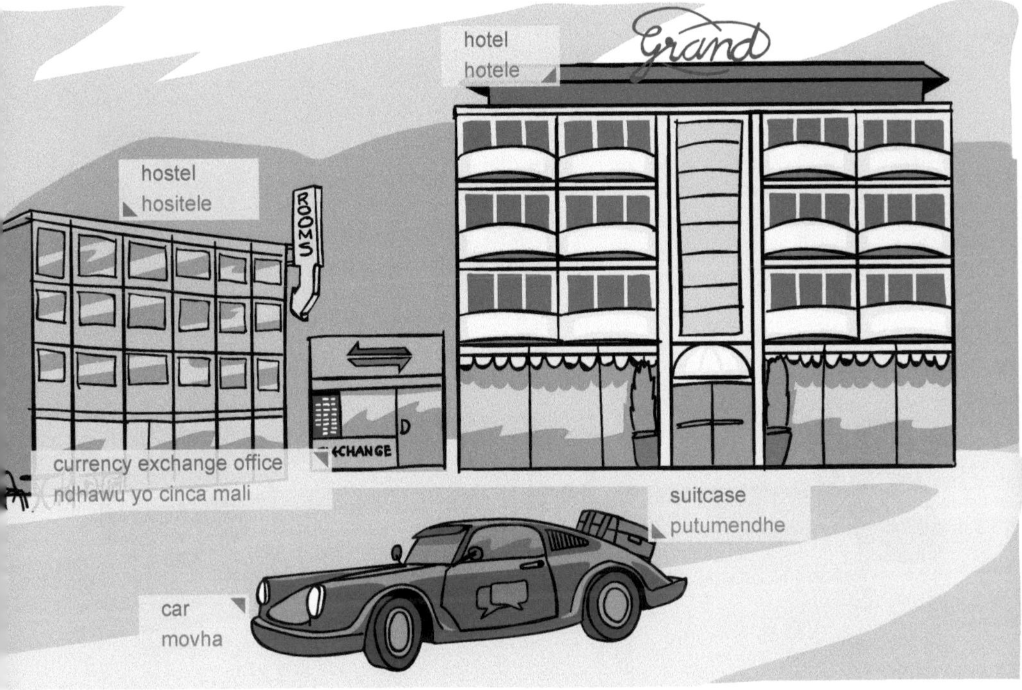

language

ririmi

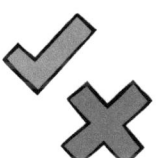

yes / no

ina / e-e

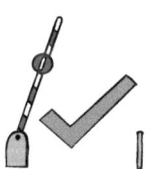

Okay

Swikahle

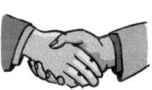

hello

ahe

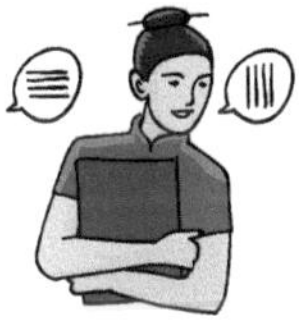

translator

muhundzuluxeri

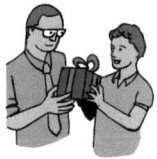

Thank you

Ndza khensa

how much is...?

ivungani...?

I don´t get it

Andzi twisisi

problem

nkinga

Good evening!

Riperile!

Good morning!

Maxelo ya kahle!

Good night!

Vusiku bya kahle!

goodbye

sala kahle

direction

nkongomiso

luggage

mindzhwalo

bag

nkwama

backpack

nkwama

guest

muendzi

room

kamara

sleeping bag

nkwama wo etlela

tent

tende

tourist information

vuxokoxoko bya vaendzi

beach

ribuwa

credit card

khadi ra xikweleti

breakfast

xifihlulo

lunch

swakudya swa ninhlekani

dinner

swakudya swa nimadyambu

Ticket

thikithi

elevator

kheshe

stamp

xitempe

border

ndzilakana

customs

mikhuva

embassy

hovisi ya vuyimeri ya tiko

visa

visa

passport

pasi ro endza

travel - kufamba

transport
swilo swo famba

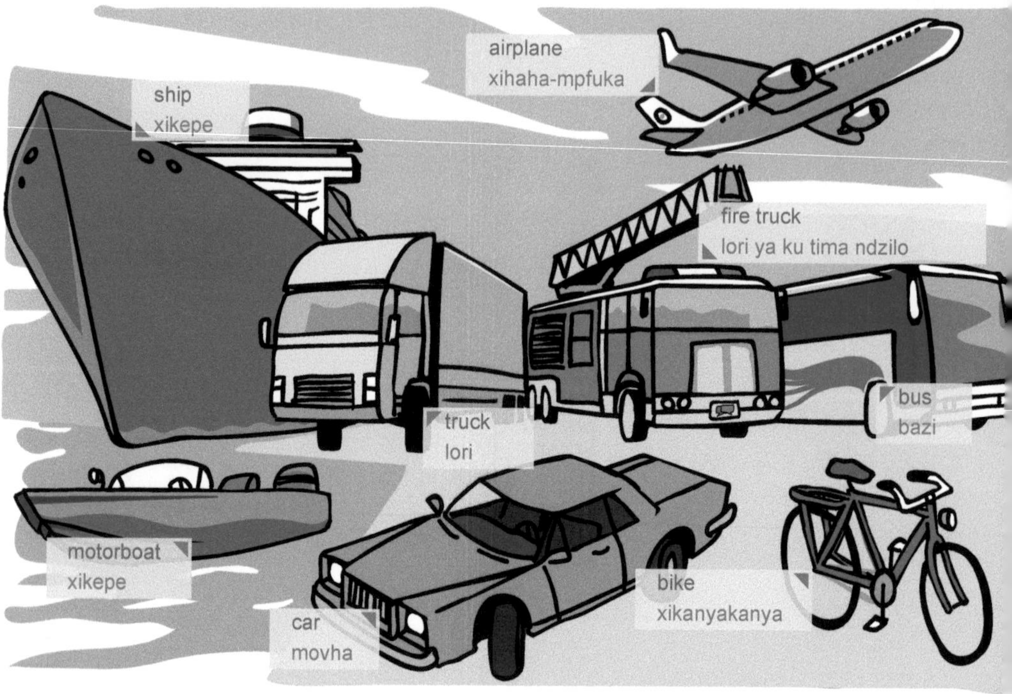

airplane
xihaha-mpfuka
ship
xikepe
fire truck
lori ya ku tima ndzilo
truck
lori
bus
bazi
motorboat
xikepe
bike
xikanyakanya
car
movha

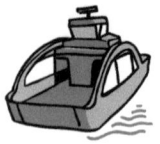

ferry

xikepe

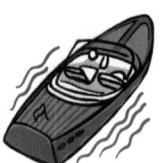

boat

xikepe

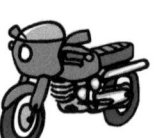

motorbike

xithuthuthu

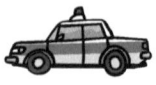

police car

movha wa maphorisa

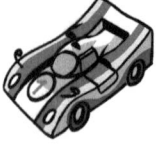

racing car

movha wa mphikizano

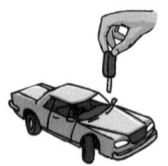

rental car

movha yo lombiwa

car sharing

ku avelana hi movha

tow truck

lori yo koka timovha

garbage truck

lori yo rhwala chaka

engine

njhini

fuel

mafurha

fuel station

ndhawu yo xavisa petirolo

traffic sign

mpfungo wa le patwini

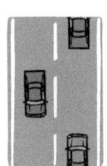

traffic

mafambelo ya mimovha

traffic jam

ntlimbano wa timovha

parking lot

phaki ya timovha

train station

xitichi xa xitimela

tracks

mintila

train

xitimela

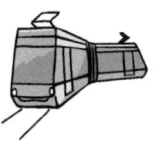

tram

banzi leri fambaka
exiporweni

wagon

kalichi

helicopter

xihaha-mpfuka-phatsa

airport

rivala ra siwhaha-mpfuka

tower

xihondzo

passenger

mukhandziyi

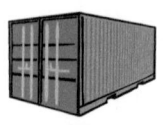

container

bokisi

carton

bokisi

cart

kalichi

basket

xirhundzi

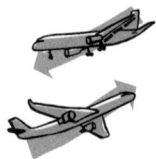

take off / land

suka / tshama

city

doroba

village

muti

city center

nkava wa doroba

house

yindlu

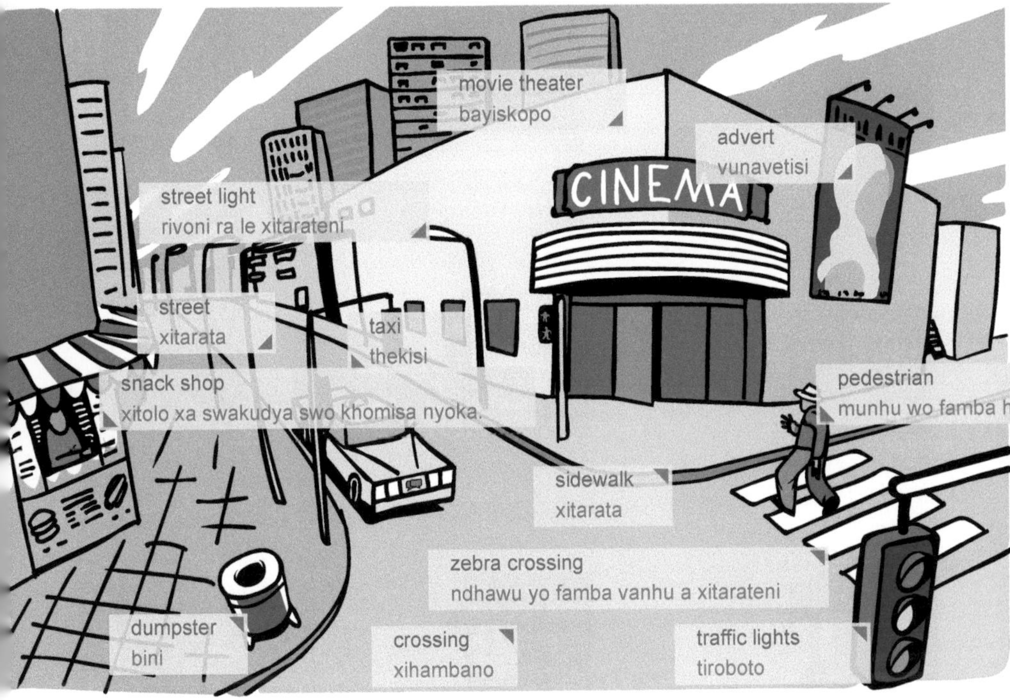

movie theater
bayiskopo

advert
vunavetisi

street light
rivoni ra le xitarateni

street
xitarata

taxi
thekisi

snack shop
xitolo xa swakudya swo khomisa nyoka.

pedestrian
munhu wo famba hi

sidewalk
xitarata

zebra crossing
ndhawu yo famba vanhu a xitarateni

dumpster
bini

crossing
xihambano

traffic lights
tiroboto

CINEMA

hut
xiyindlwana xa byanyi

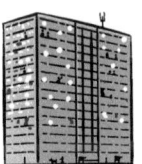

apartment
yindlu

train station
xitichi xa xitimela

city hall
holo ya vanhu

museum
muziyamu

school
xikolo

city - doroba

university
univhesiti

bank
bangi

hospital
xibedlhele

hotel
hotele

pharmacy
xitolo xa miri

office
hofisi

book shop
xitolo xa tibuku

shop
xitolo

flower shop
xitolo xa swiluva

supermarket
xitolo le xikulu swinene

market
makete

department store
xitolo le xikulu

fishmonger's shop
xitolo xa tinhlampfi.

mall
ndhawu ya switolo

harbor
hlaluko

park

phaka

bench

bence

bridge

buloho

stairs

switepisi

subway

ehansi ka misava

tunnel

muhocho

bus stop

xitichi xa tibanzi

bar

barha

restaurant

rhesiturente

postbox

bokisi ra poso

street sign

mfungho wa xitarata

parking meter

muchini wa mali ya ku phaka

zoo

ntanga wa swiharhi

swimming pool

damu ro xambela

mosque

mosque

farm	pollution	cemetery
purasi	nthyakiso	masirha

church	playground	temple
kereke	rivala ra mintlangu	tempele

landscape

ndhawu

leaf
tluka

signpost
mfungho wa gondzo

path
ndlela

meadow
byanyi byo tala

stone
ribye

hiker
munhu wo khandziya tintshava

tree
murhi

river
nambu

grass
byanyi

flower
xiluva

valley

nkova

hill

xitsunga

lake

tiva

forest

khwati

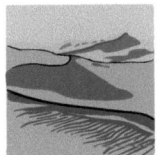

desert

mananga

volcano

volkheno

castle

ntsinda

rainbow

nkwangulatilo

mushroom

swikowa

palm tree

murhi wa nchindzu

mosquito

nsuna

fly

haha

ant

vusokoti

bee

nyoxi

spider

puma

beetle

xifufunhunu

frog

chele

squirrel

maxindyana

hedgehog

nhloni

hare

mfundla

owl

xikhova

bird

xinyenyane

swan

sekwa

boar

ngluve ya nhova

deer

mhunti

moose

mhofu

dam

damu

wind turbine

xipelupelu xa moya

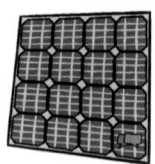

solar panel

bodo leyi tswongaka kuhisa
ka dyambu

climate

maxelo

restaurant
rhesiturente

waiter
muphameri
menu
nxaxamelo wa swakudya
chair
xitulu
soup
sopo
pizza
pizza
cutlery
swibya
tablecloth
lapi ra tafula

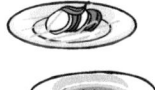

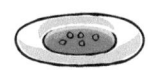

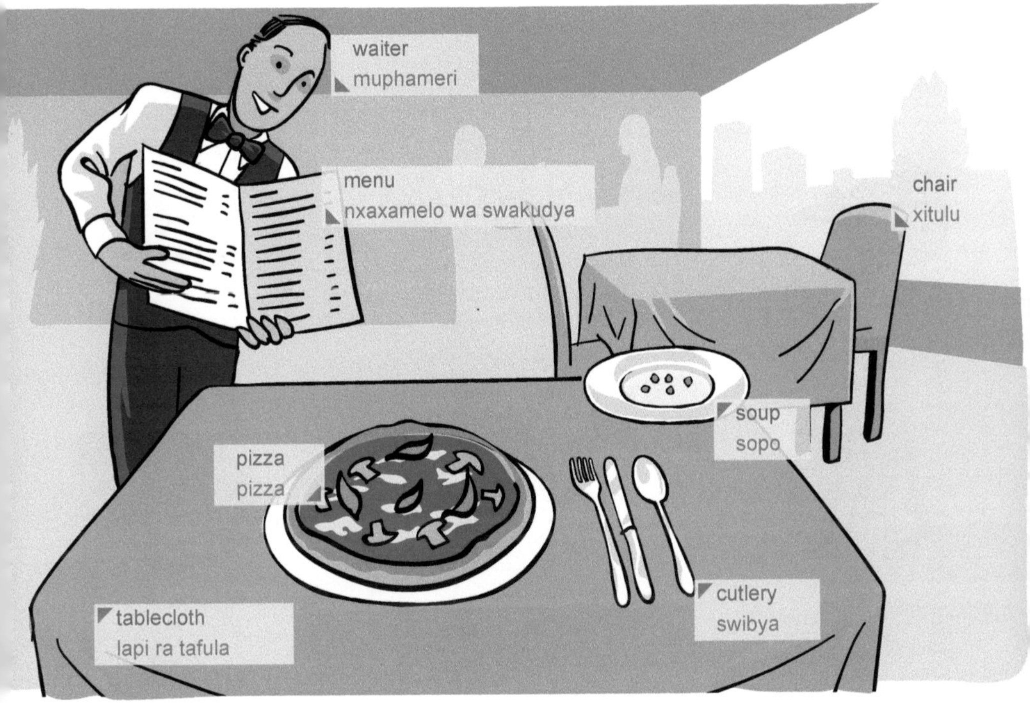

starter
swakudya swa ku naveta

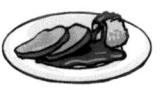

main course
swakudya

dessert
swo rhelerisa

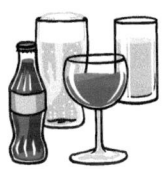

drinks
swakunwa

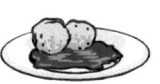

food
swakudya

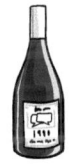

bottle
bodlhela

fast food

swakudya swa xihatla

street food

swakudya swa le ndleleni

teapot

mbita ya tiya

sugar bowl

xibye xa chukela

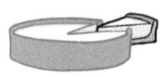

portion

xiphemu

espresso machine

muchini wa espresso

high chair

xitulu xa le henhla

bill

swikweleti

tray

thireyi

knife

mukwana

fork

foroko

spoon

lepula

teaspoon

xilepulana

serviette

phepha ro sula nomu

glass

nghilazi

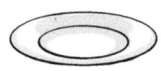

plate

pleti

soup plate

pleti ya sopo

saucer

sosara

sauce

murhu

salt shaker

xilo xo chele munyu

pepper mill

xilo xo gaya

vinegar

vhiniga

oil

mafurha

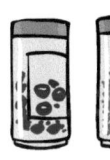

spices

swinyunyeteri

ketchup

ketchup

mustard

mustard

mayonnaise

mayonasi

supermarket

xitolo le xikulu swinene

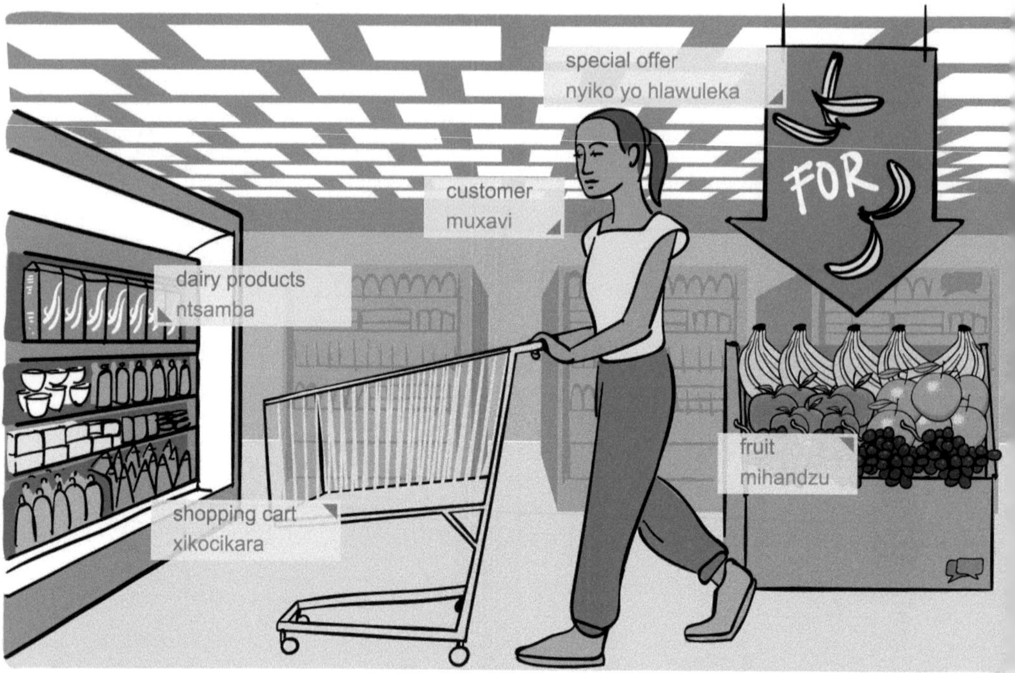

special offer
nyiko yo hlawuleka
FOR
customer
muxavi
dairy products
ntsamba
fruit
mihandzu
shopping cart
xikocikara

BUTCHERS

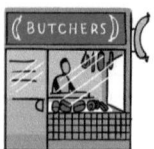

butcher's shop

buchara

BAKERY

bakery

bekari

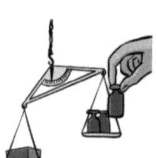

weigh

ringanyeta

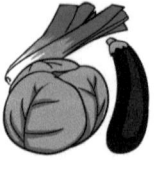

vegetables

swimila

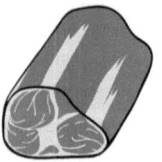

meat

nyama

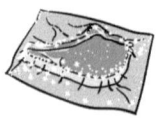

frozen food

swakudya swo titimela

cold cuts

nyama

canned food

swakudya leswi nga thinini

detergent

mapa yo hlanswa

candy

malekere

household products

switirhisiwa swa le ndlwini

cleaning products

swilo swo basisa

sales representative

munhu wo xavisa

cash register

thili

cashier

muamukeli wa timali

shopping list

xaxamelo wa swo xaviwa

opening hours

nkarhi wa ku tirha

wallet

nkwama wa mali

credit card

khadi ra xikweleti

bag

nkwama

plastic bag

nkwama wa pulasitiki

water

mati

juice

ntsutsu

milk

meleke

coke

coke

wine

vhinyo

beer

byalwa

alcohol

byala

cocoa

cocoa

tea

tiya

coffee

kofi

espresso

espresso

cappuccino

cappuccino

banana

banana

apple

apula

orange

lamula

melon

kalabatla

lemon

swiri

carrot

kherotsi

garlic

swinyalana

bamboo

musengele

onion

nyala

mushroom

swikowa

nuts

timanga

noodles

makaroni ya nyama

spaghetti

spaghetti

rice

rhayisi

salad

saladi

fries

machipisi

fried potatoes

nhlata wo katingiwa

pizza

pizza

hamburger

hamburger

sandwich

xinkwa

escalope

cutlet

ham

ham

salami

salami

sausage

soseji

chicken

huku

roast

katinga

fish

hlampfi

porridge oats
oats

muesli
muesli

cornflakes
rivele-ndzoho

flour
filawa

croissant
bantsi

bread roll
xinkwa

bread
xinkwa

toast
xinkwa xo oxiwa

cookies
makokisi

butter
botere

curd
ribomba ra tswamba

cake
khekhe

egg
tandza

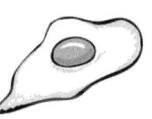

fried egg
matandza lama katingiweke

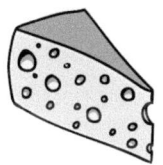

cheese
chizi

ice cream

ayisi khrimi

sugar

chukela

honey

vulombe

jelly

jamu

nougat cream

botere ya chokoleti

curry

curry

farm
purasi

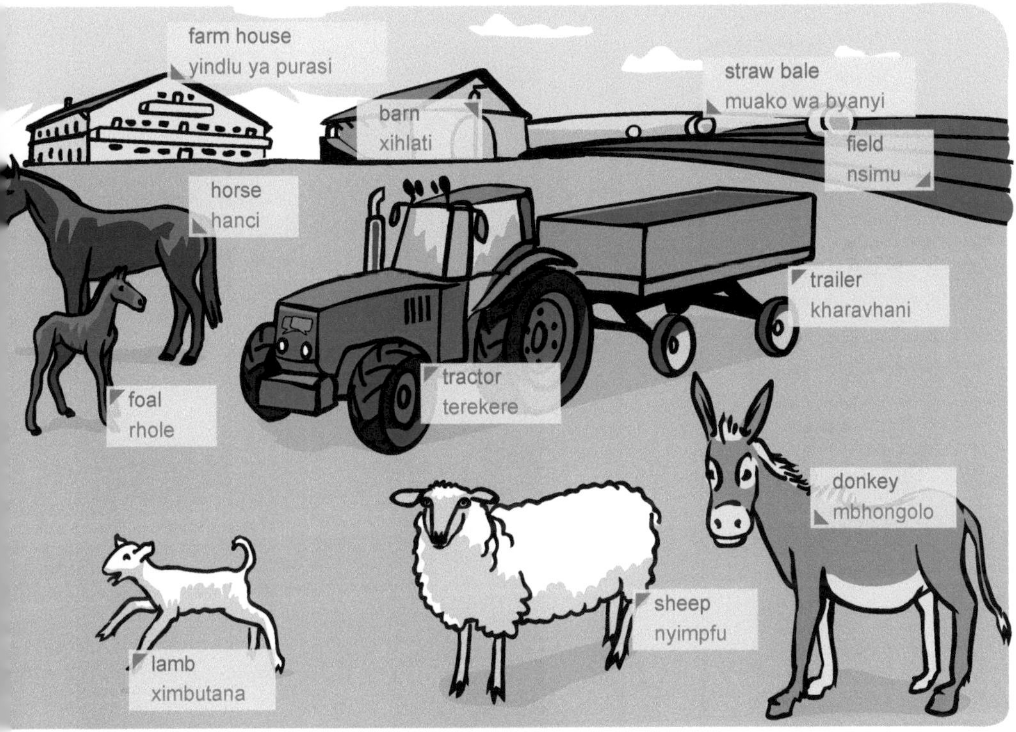
farm house
yindlu ya purasi
barn
xihlati
straw bale
muako wa byanyi
field
nsimu
horse
hanci
trailer
kharavhani
tractor
terekere
foal
rhole
donkey
mbhongolo
sheep
nyimpfu
lamb
ximbutana

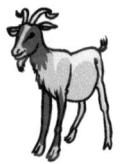

goat

mhunti

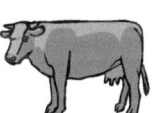

cow

homu

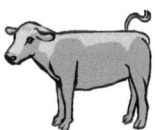

calf

rhole

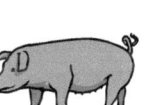

pig

nguluve

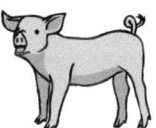

piglet

xingulubyana

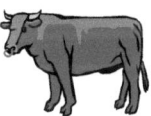

bull

nkuzi

goose
sekwa

duck
sweka

chick
xikukwana

hen
mbhaha

cockerel
nkuku

rat
kondlo

cat
ximanga

mouse
kondlo

ox
homu

dog
mbyana

dog house
yindlu ya mbyana

garden hose
payipi ya mati

watering can
xilo xo chelela mati

scythe
nsimbi yo tsema

plow
xikomu

farm - purasi

sickle

sikele

hoe

xikomu

pitchfork

foroko le yikulu

axe

xihloka

pushcart

bara

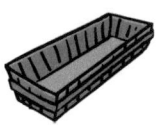

trough

xitsengele

milk can

xilo xo chela ntswamba

sack

saka

fence

rirhangu

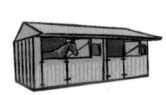

stable

xivala

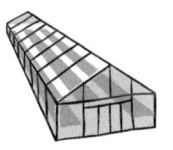

greenhouse

yindlu ya vuhlayiselo bya swimilana

soil

misava

seed

mbewu

fertilizer

swinonisi

combine harvester

muchini wa ku tshovela

farm - purasi

harvest

tshovela

harvest

ntshovelo

yams

mintsumbula

wheat

koroni

soya

tinyawa

potato

nhlata

corn

koroni

rapeseed

rapeseed

fruit tree

nsinya wa mihandzu

manioc

ntsumbula

grain

swakudya swa tidzoho

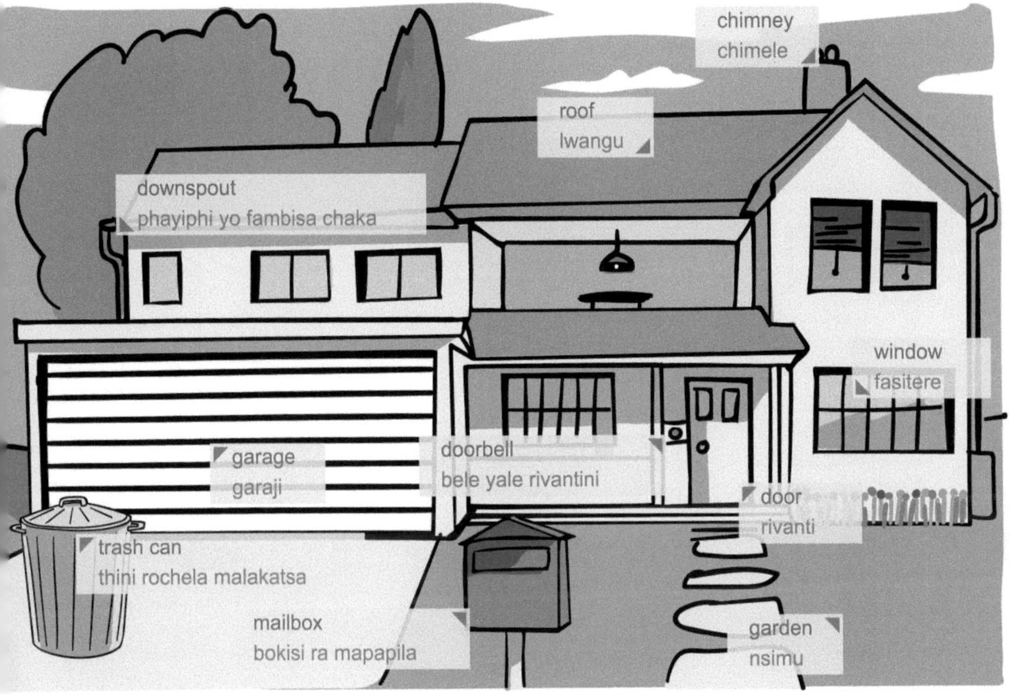

chimney
chimele

roof
lwangu

downspout
phayiphi yo fambisa chaka

window
fasitere

garage
garaji

doorbell
bele yale rivantini

door
rivanti

trash can
thini rochela malakatsa

mailbox
bokisi ra mapapila

garden
nsimu

living room

kamara ro tshama

bathroom

kamara yo hlambela

kitchen

khishini

bedroom

kamera ro etlela

kids room

kamana ya vana

dining room

ndhawu yo dyela

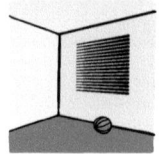

floor

ehansi

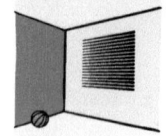

wall

khumbi

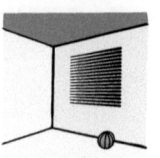

ceiling

silingi

cellar

kamera ra le hansi

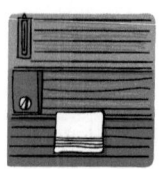

sauna

phungula

balcony

rikupakupa

terrace

tshala

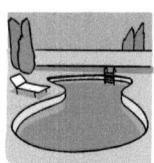

pool

damu

lawn mower

muchini wo tsema byanyi

sheet

nkumba

bedspread

swo andlalela mubedo

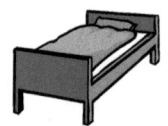

bed

mubedo

broom

nkukulu

bucket

bakiti

switch

swichi

living room

kamara ro tshama

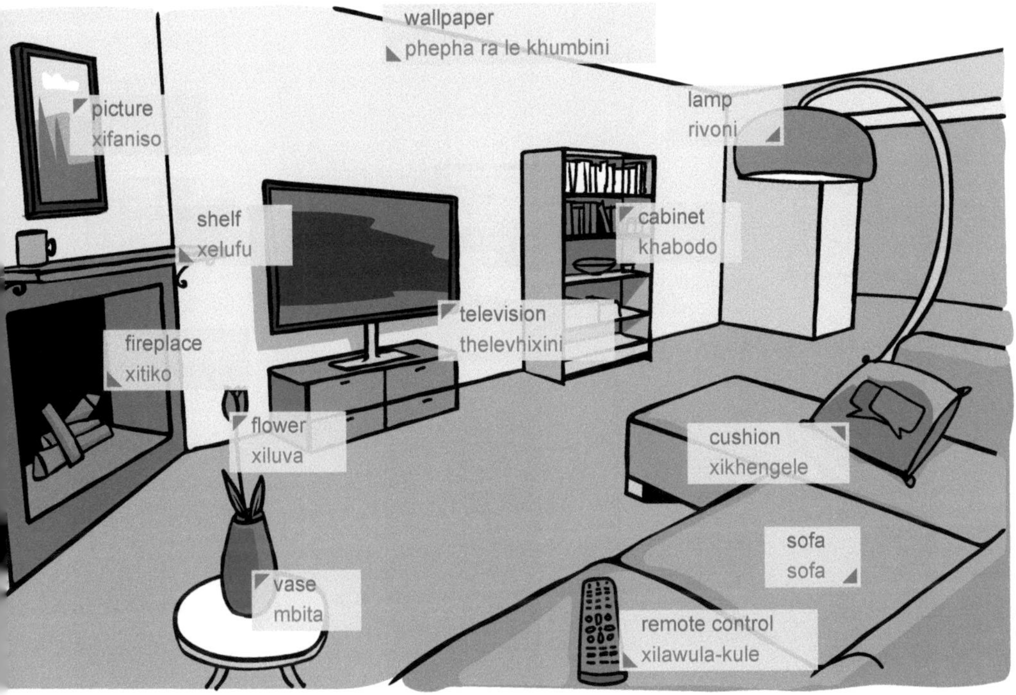

wallpaper
phepha ra le khumbini
picture
xifaniso
lamp
rivoni
shelf
xelufu
cabinet
khabodo
television
thelevhixini
fireplace
xitiko
flower
xiluva
cushion
xikhengele
sofa
sofa
vase
mbita
remote control
xilawula-kule

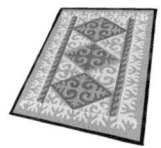

carpet

khapete

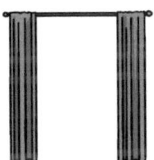

drape

khethenisi

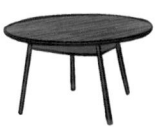

table

tafula

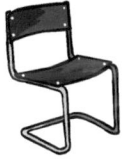

chair

xitulu

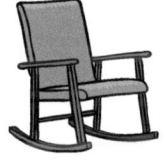

rocking chair

xitulu xo mbuwetela

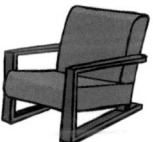

armchair

xitulu xo tlhandleka mavoko

book
buku

blanket
nkumba

decoration
nkhaviso

firewood
tihunyi

film
filimi

stereo system
muchini wa hi-fi

key
xinotlelo

newspaper
phepha-hungu

painting
xifaniso lexi vatliweke

poster
bodo ya xifaniso

radio
xiya-ni-moya

notebook
buku yo tsala tinhla

vacuum cleaner
hoover

cactus
xiluva xa cactus

candle
khandlela

kitchen
khishini

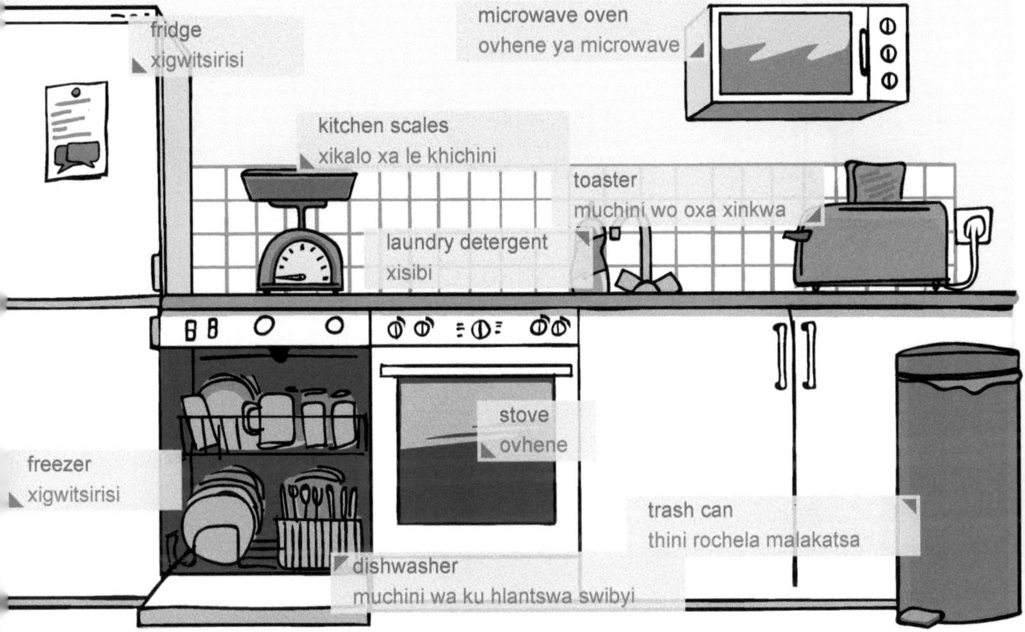

fridge
xigwitsirisi
microwave oven
ovhene ya microwave
kitchen scales
xikalo xa le khichini
toaster
muchini wo oxa xinkwa
laundry detergent
xisibi
stove
ovhene
freezer
xigwitsirisi
trash can
thini rochela malakatsa
dishwasher
muchini wa ku hlantswa swibyi

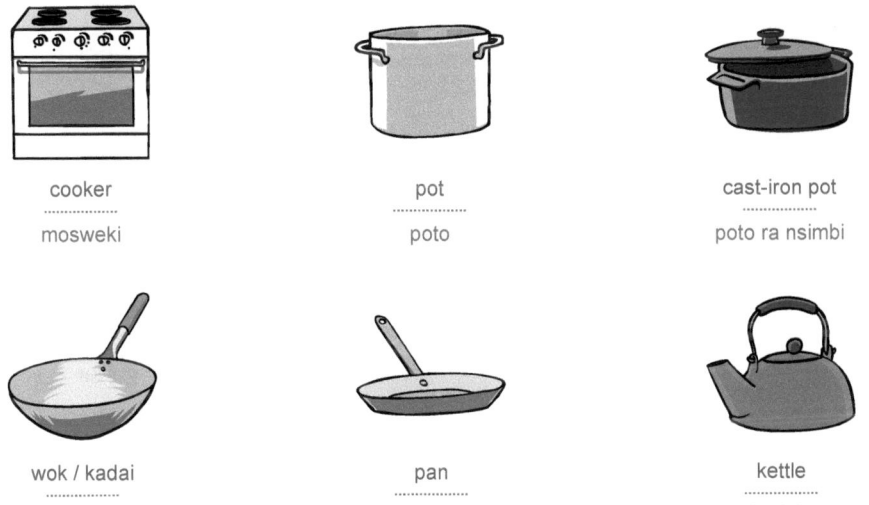

cooker

mosweki

pot

poto

cast-iron pot

poto ra nsimbi

wok / kadai

mbita yo swekela / kadai

pan

pani

kettle

ketlele

steamer

xo sweka hi nkahelo

baking tray

thireyi ya ku baka

crockery

swibya

mug

xikomichana

bowl

ximbitana

chopsticks

ti-chopstick

ladle

xipunu

spatula

spatula

whisk

muchini wo hlanganisa

strainer

sefo

sieve

xisefo

grater

xilo xo tsemelela

mortar

xibye

barbecue

nyama yo oshiwa

fireplace

ndzilo

chopping board
bodo ya ku tsemelela

rolling pin
mhandzi yo andlala fulawa

corkscrew
xo pfula mabodlhela

can
thini

can opener
xo pfula mathini

oven cloth
xo khoma poto

sink
zinki

brush
buracha

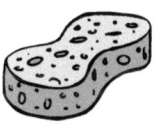

sponge
xiponci

blender
xilo lexi hlanganiselaka

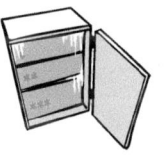

deep freezer
xigwitsirisi

baby bottle
bodlhela ra n'wana

tap
pompi

kitchen - khishini

bathroom

kamara yo hlambela

heating
kukufumeta
shower
shawara
towel
thawula
shower curtain
khethenisi ra shawara
bubble bath
xisibi xo hlambela a bavhini
bathtub
bavhu
glass
nghilazi
washing machine
muchini wa ku hlantswa
tap
pompi
tiles
tithayilisi
potty
xihambukelo
sink
zinki

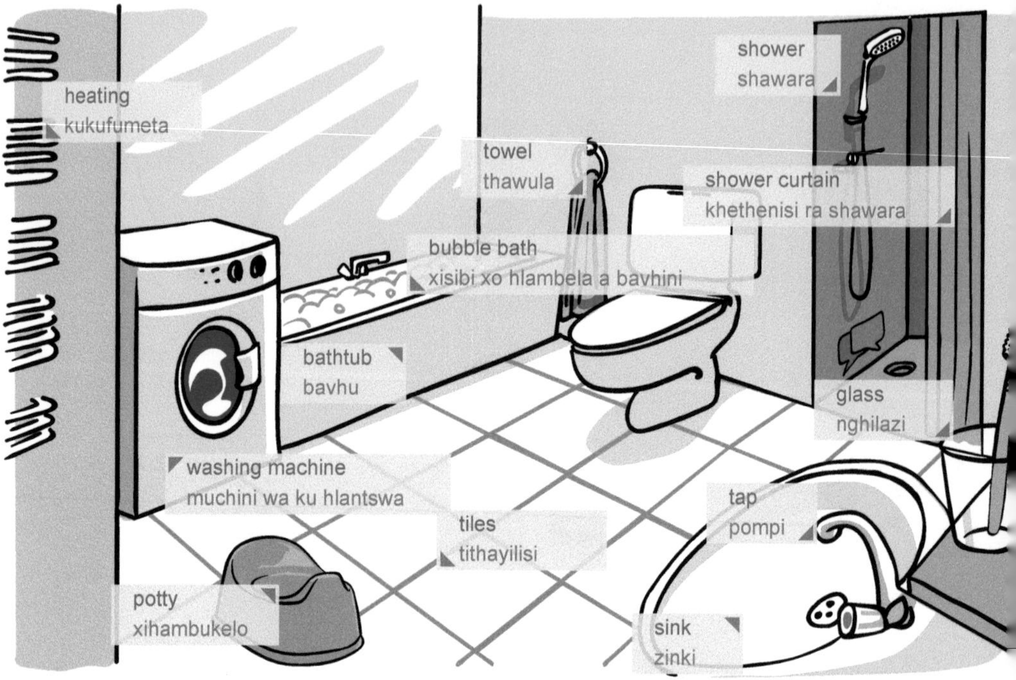

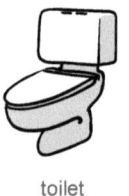

toilet

xihambukelo

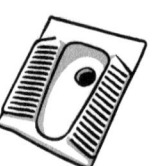

squat toilet

xihambukelo

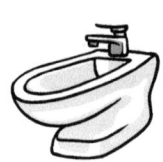

bidet

bidet

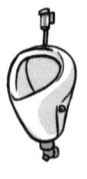

urinal

ndhawu yo tsakamisela

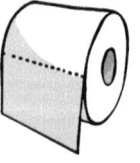

toilet paper

papila ra xihambukelo

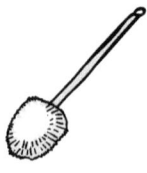

toilet brush

burachi bya xihambukelo

toothbrush

burachi bya meno

toothpaste

xisibi xa meno

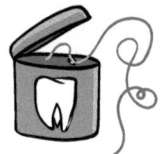

dental floss

xo basisa exikarhi ka meno

wash

hlamba

hand shower

xawara yo khomiwa hivoko

douche

douche

basin

xihlambelo

back brush

buracha ra nhlana

soap

xisibi

shower gel

xisibi xa xawara

shampoo

shampoo

flannel

swilapana

drain

xinambyana

creme

rivomba

deodorant

xinhuherisi

mirror	hand mirror	razor
xivoni	xivoni xo khomiwa hivoko	rikarhi

shaving foam	aftershave	comb
xisibi so susa malevu	mafurha ya kutola loku u heta ku tsemeta malevu	kama

brush	hair-dryer	hairspray
buracha	muchini wo omisa mosisi	mafurha yo tola mosisi

makeup	lipstick	nail varnish
xo tisasekisa	xotota nomo	xo tota minwala

cotton wool	nail scissors	perfume
kotoni	xo tsema minwala	xinhuherisi

washbag

nkwama wa le xihambukelweni

stool

nchuluko

weighing scales

xikalo

bathrobe

nguvu yo hlamba

rubber gloves

tiglovhu ta raba

tampon

tampon

sanitary towel

thawula ra ku basisa

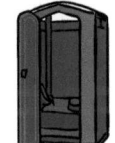

chemical toilet

xihambukelo xa le handle

kids room
kamana ya vana

alarm clock
alamu ya wachi
cuddly toy
xo tlanga sa ku etlela
toy car
movha ya ku tlangisa
rattle
xokocokoco
doll's house
yindlu ya swipopana
present
nyiko

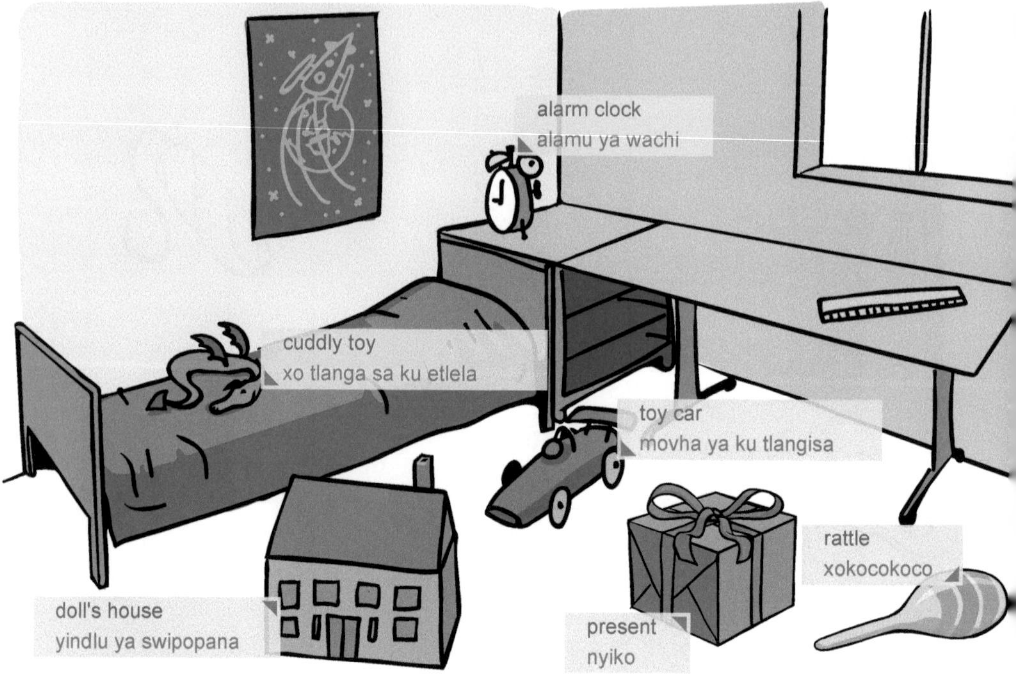

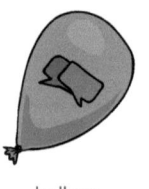

balloon
baluni

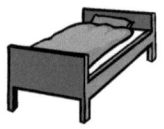

bed
mubedo

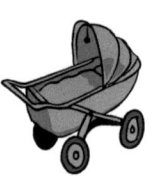

stroller
pureme

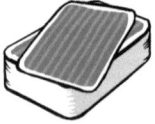

deck of cards
makhadi

jigsaw
jigsaw

SUPER MEGA
comic
khomiki

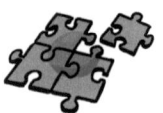

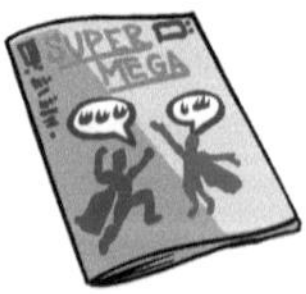

lego bricks

switina swa lego

toy blocks

swiaki

action figure

xo tlanga xa vana

romper suit

swiambalo swa nwana

frisbee

Frisbee

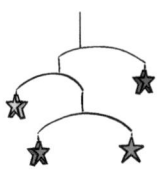

mobile

mobile

board game

ntlango wa le bodweni

dice

dayisi

model train set

xitimela xo tlanga

pacifier

xo tlangisa vana

party

nkhuvo

picture book

buku ya swifaniso

ball

bolo

doll

xipopana

play

tlanga

sandpit

khele ra sava

swing

muchinginya

toys

swilo swo tlangisa

video game console

mintlango ya vhidiyo

tricycle

xithuthuthu xa mivhilwa manharhu

teddy bear

tibere to tlangisa

wardrobe

wadirobo

clothing

swiambalo

socks

masokisi

stockings

masokisi

tights

buruku byo tlimba

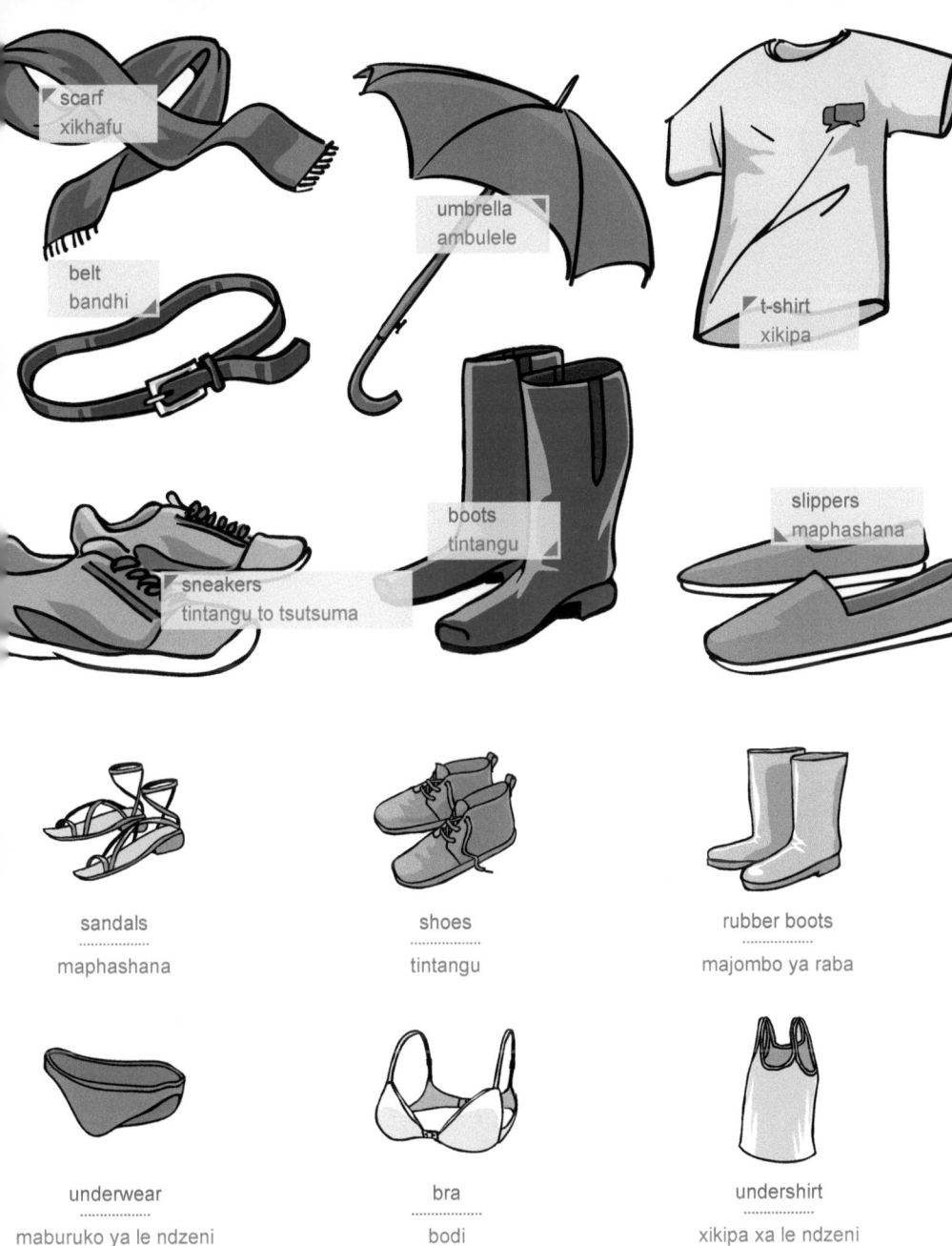

scarf
xikhafu

umbrella
ambulele

t-shirt
xikipa

belt
bandhi

boots
tintangu

slippers
maphashana

sneakers
tintangu to tsutsuma

sandals
maphashana

shoes
tintangu

rubber boots
majombo ya raba

underwear
maburuko ya le ndzeni

bra
bodi

undershirt
xikipa xa le ndzeni

clothing - swiambalo

45

body

miri

pants

maburuko

jeans

bokati

skirt

xiketi

blouse

bulawusi

shirt

hembe

pullover

jesi

sweater

jazi ro fingeneta nhloko

blazer

buleyizara

jacket

baji

coat

nghuvo

raincoat

jazi rampfula

costume

swiambalo

dress

swiambalo

wedding dress

rhoko ya mucato

suit

sudu

nightgown

xiambalo xo etlela

pajamas

swi ambalo swo etlela

sari

sari

headscarf

xikhafu

turban

duku

burka

burqa

kaftan

swi ambalo

abaya

abaya

swimsuit

swiambalo swo hlambela

trunks

maburuko ya le ndzeni

shorts

buruku ro koma

tracksuit

tracksuit

apron

fasikoti

gloves

maglilavhu

button

kunupu

glasses

manghilazi ya mahlo

bracelet

sindza

necklace

vuhlalu

ring

xingwaxila

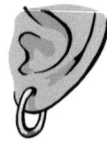

earring

vo sasekisa tindleve

cap

kepisi

coat hanger

hangara ya nghuvo

hat

xigqoko

tie

thayi

zip

zipi

helmet

xihuku

braces

minxongotelo

school uniform

swiambalo swa xikolo

uniform

yunifomo

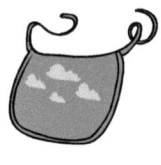

bib

bibi

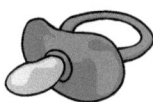

pacifier

xo tlangisa vana

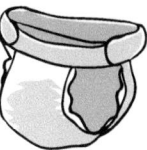

diaper

leyiri

office

hofisi

server
server
filing cabinet
khabodo yo beka tifayili
paper
papila
printer
muchini wa ku kandziyisa
monitor
xikirini
mouse
mouse
desk
tafola
folder
xilo xo veka swiphephana
keyboard
keyboard
chair
xitulo
waste-paper basket
xikotela xo lahla maphepha
computer
khompyuta

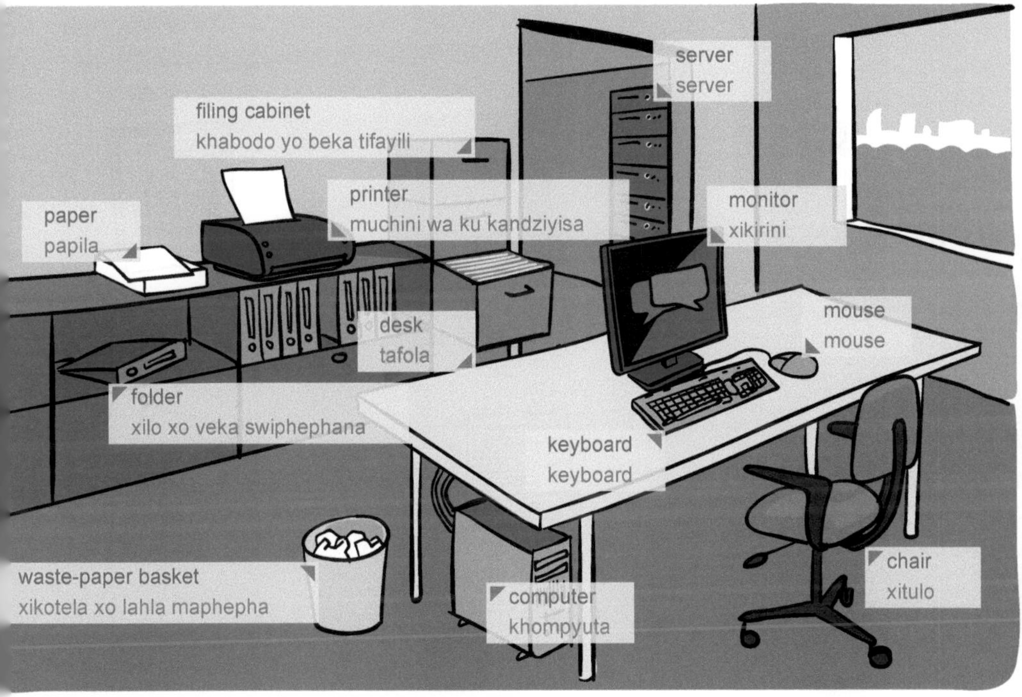

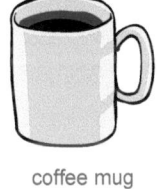

coffee mug

bikiri ra kofi

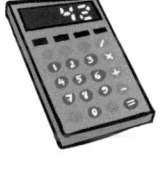

calculator

muchini wo hlaya

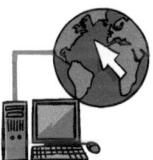

internet

internet

laptop

laptop

letter

papila

message

rungula

cell phone

foni

network

network

photocopier

muchini wo endla tikopi

software

progreme ya khompyuta

telephone

riqingho

plug socket

pulagi ya gezi

fax machine

muchini wo rhumela rungula

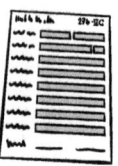

form

fomo

document

papila

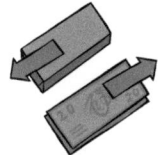

buy

xava

pay

hakela

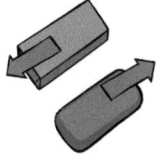

trade

xavisa

money

mali

 USD

dollar

dolara

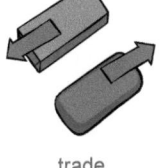 EUR

euro

euro

 JPY

yen

yen

 RUB

rouble

rouble

 CHF

Swiss franc

Swiss franc

 CNY

renminbi yuan

renminb yuan

 INR

rupee

rupee

cash point

muchini wa mali

currency exchange office

ndhawu yo cinca mali

gold

nsuku

silver

silivhere

oil

mafurha

energy

matimba

price

hakelo

contract

ntwanano

tax

xibalo

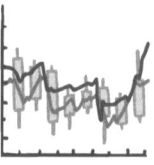

stock

nundzu ya timali

work

tirha

employee

mutirhi

employer

mothorhi

factory

fektri

shop

xitolo

economy - ikhonomi

occupations
mintirho

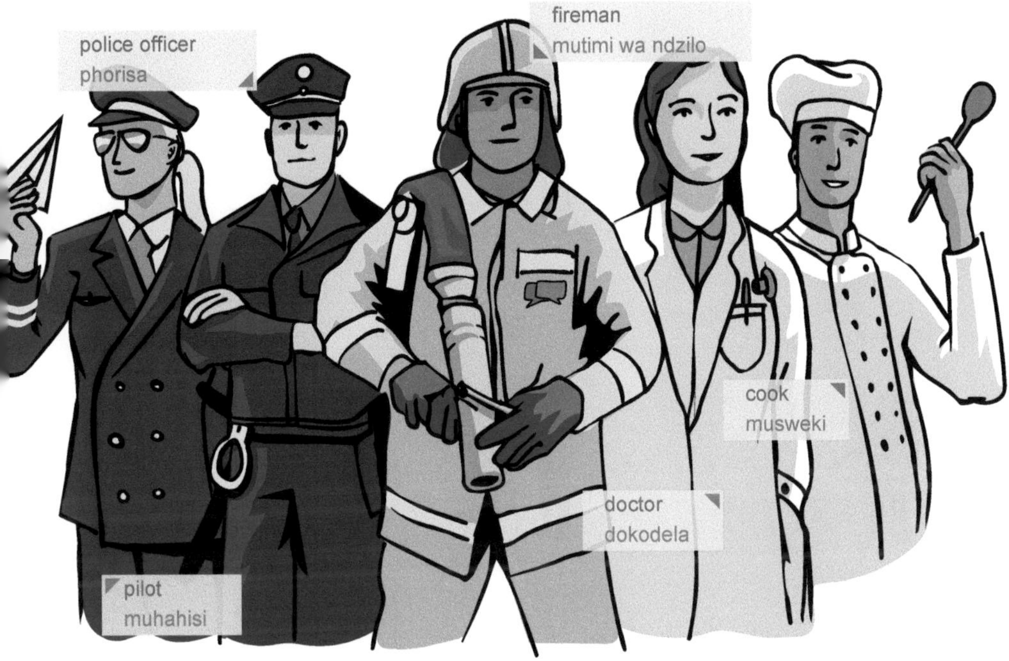

police officer
phorisa
fireman
mutimi wa ndzilo
cook
musweki
doctor
dokodela
pilot
muhahisi

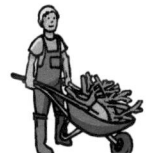

gardener

muhlayi wa ntanga

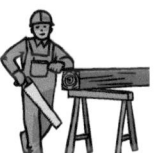

carpenter

muvatli

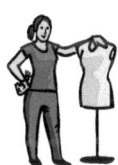

seamstress

murungi

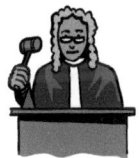

judge

muavanyisi

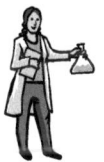

chemist

xitshunguri

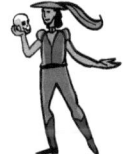

actor

mutlangi

bus driver

muchaeri wa tibazi

taxi driver

muchayeri wa thekisi

fisherman

muphasi wa tinhlampfi

cleaning lady

wansati wa ku basisa

roofer

mufuleri

waiter

muphàmeri

hunter

muhloti

painter

mupendi

baker

mubaki

electrician

mutivi wagezi

builder

muaki

engineer

munjiniyara

butcher

muxavisi wa nyama

plumber

muplambara

postman

muheleketi wa poso

occupations - mintirho

soldier

socha

architect

mumpfampfarhuti

cashier

muamukeli wa timali

florist

muxavisi wa swiluva

hairdresser

mululamisi wa misisi

conductor

mufambisi

mechanic

munhu wo lungisa timovha

captain

mulawuri

dentist

dokotela wa matinho

scientist

mutivi wa sayensi

rabbi

mufundisi

imam

murhangeri

monk

nghwendza

pastor

mfundisi

tools
switirhisiwa

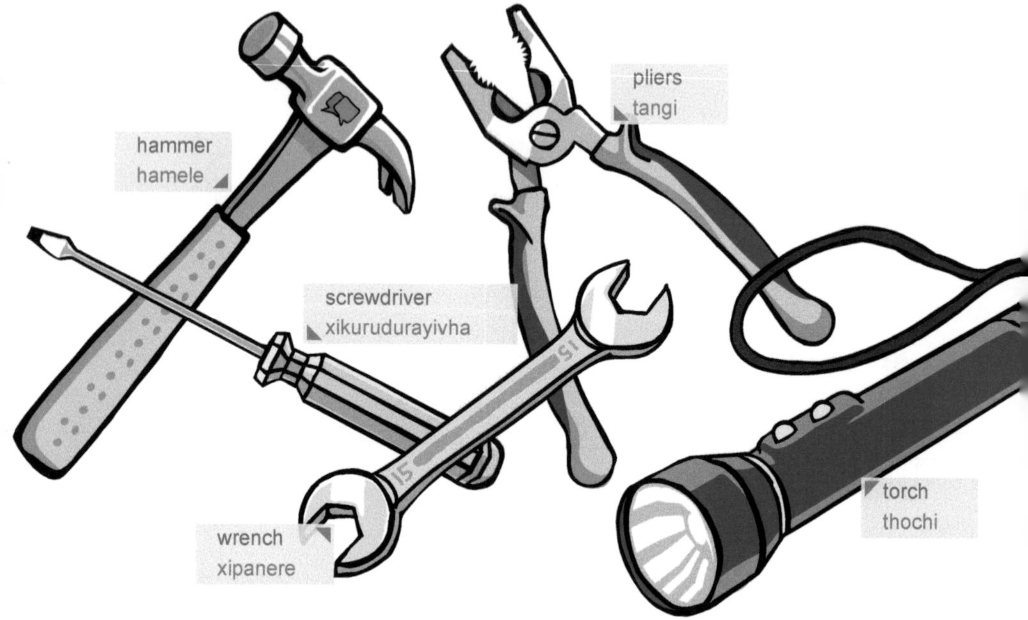
hammer
hamele
pliers
tangi
screwdriver
xikurudurayivha
torch
thochi
wrench
xipanere

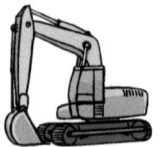

excavator

muchini wo cela

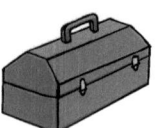

toolbox

bokisi ra switirhisiwa

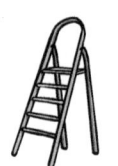

ladder

xitepisi

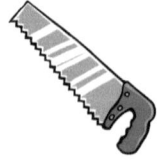

saw

saha

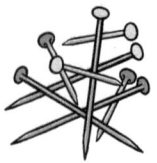

nails

swipikiri

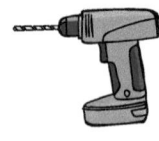

drill

muchini wo boxa

repair

lunghisa

shovel

foxolo

Damn!

Thyaka!

dustpan

nchumu wo susa ritshuri

paint can

mbita ya pende

screws

bawuti

musical instruments
swichayachayana

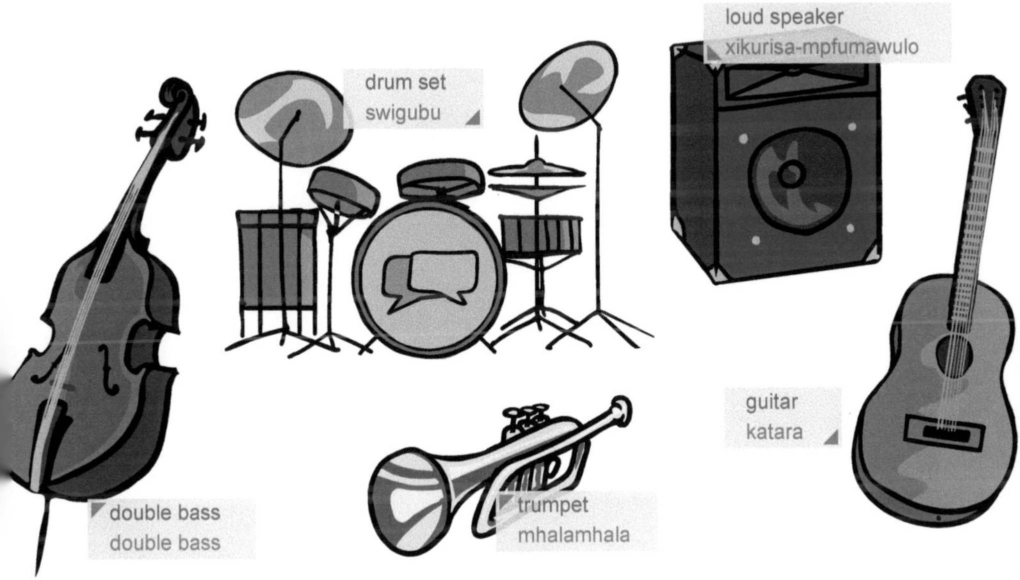

loud speaker
xikurisa-mpfumawulo

drum set
swigubu

guitar
katara

double bass
double bass

trumpet
mhalamhala

piano
piyano

violin
violin

bass
bass

timpani
timpani

drums
xigubu

keyboard
keyboard

saxophone
saxophone

flute
xitiringo

microphone
xikurisa-marito

zoo
ntanga wa swiharhi

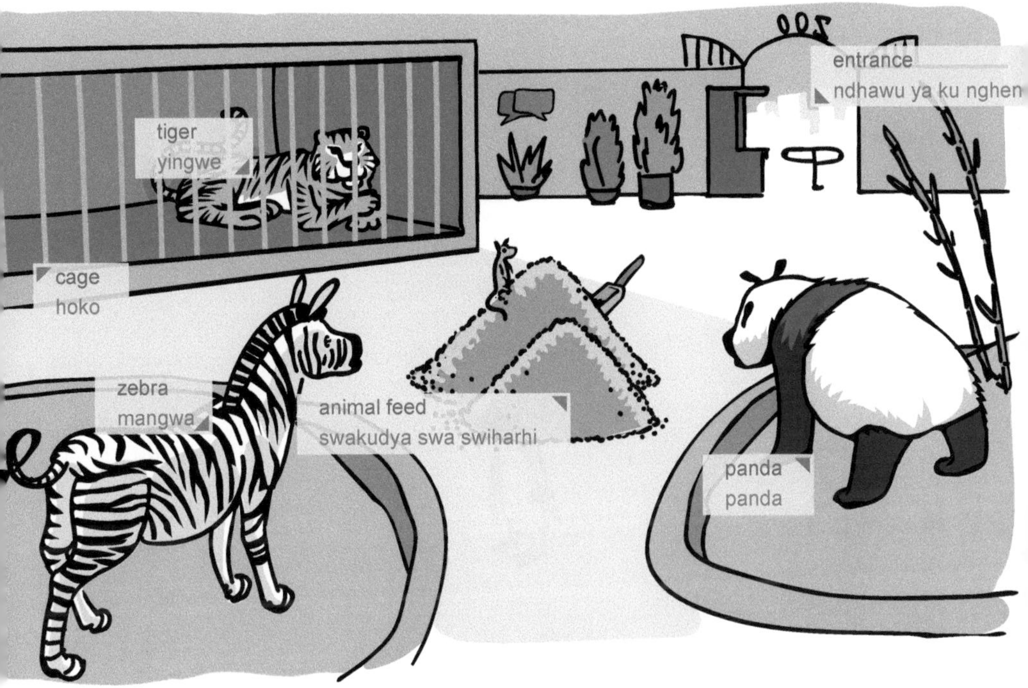
entrance
ndhawu ya ku nghen
tiger
yingwe
cage
hoko
zebra
mangwa
animal feed
swakudya swa swiharhi
panda
panda

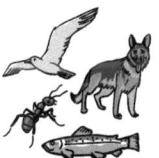

animals
swiharhi

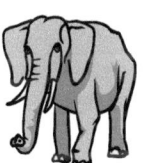

elephant
ndlopfu

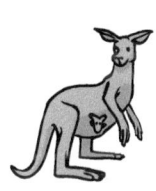

kangaroo
xinjhenghwe

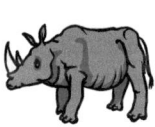

rhino
mhelembe

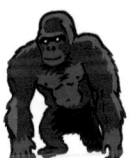

gorilla
gorila

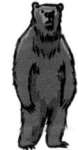

bear
bere

camel

kamela

ostrich

yintsha

lion

nghala

monkey

nkawu

flamingo

flamingo

parrot

hokwe

polar bear

bere

penguin

penguin

shark

shaka

peacock

hanti

snake

nyoka

crocodile

ngwenya

zookeeper

muhlayisi wa mintanga ya
swiharhi

seal

seal

jaguar

jaguar

pony

hanci

leopard

yingwe

hippo

mpfuvu

giraffe

nhutlwa

eagle

gama

boar

ngluve ya nhova

fish

hlampfi

turtle

mfutsu

walrus

nyimpfu ya le lwandle

fox

mhungubye

gazelle

mhala

American football
bolo ya le Amerika

cycling
kufamba hi xi kanyakanya

tennis
tennis

basketball
basketball

swimming
kuhlambela

boxing
ntlango wa ku bana

ice hockey
khororo ya le ayisini

soccer
bolo

badminton
badminton

athletics
mintlango

handball
bolo ya mavoko

skiing
kureta e gambokweni

polo
polo

laugh
hleka

jump
tlula

hug
angara

walk
famba

sing
yimbelela

dream
lora

pray
khongela

kiss
ntswontswa

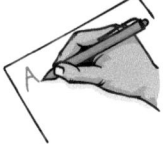

write
tsala

draw
dirowa

show
komba

push
dlidlimeta

give
nyika

take
teka

have
....
yi va

do
....
endla

be
....
ku va

stand
....
yima

run
....
tsutsuma

pull
....
koka

throw
....
lahlela

fall
....
wana

lie
....
hemba

wait
....
rindza

carry
....
rhwala

sit
....
tshama

get dressed
....
ambala

sleep
....
tlela

wake up
....
pfuka

look at

languta

cry

rila

stroke

bana

comb

kama

talk

vulavula

understand

twisisa

ask

vutisa

listen

yingisa

drink

nwana

eat

dyana

tidy up

basisa

love

randza

cook

sweka

drive

chayela

fly

haha

sail

tluta

calculate

hlaya

read

hlaya

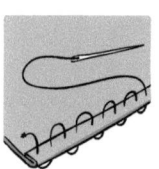

learn

hlaya

work

tirha

marry

teka

sew

rhunga

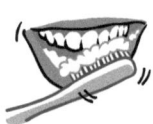

brush teeth

kuhlamba meno

kill

dlaya

smoke

dzaha

send

rhumela

family

ndyanghu

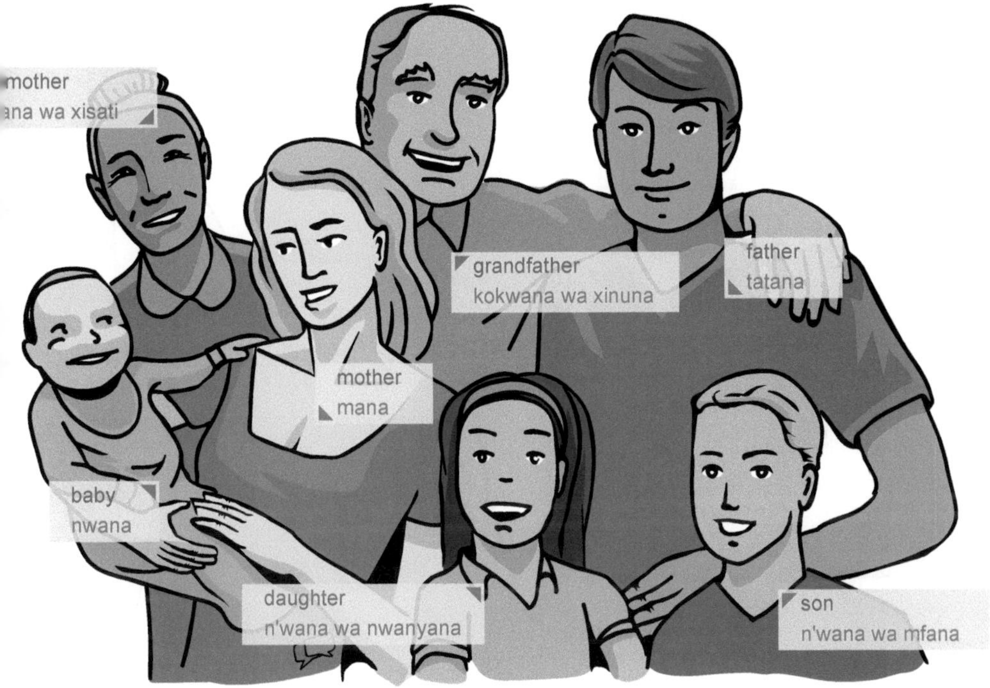
mother
ana wa xisati
grandfather
kokwana wa xinuna
father
tatana
mother
mana
baby
nwana
daughter
n'wana wa nwanyana
son
n'wana wa mfana

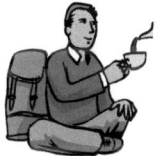

guest

muendzi

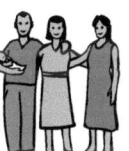

aunt

hahani

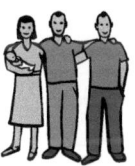

uncle

malume

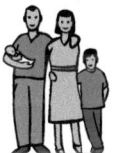

brother

makwerhu

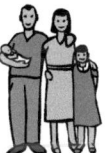

sister

makwrhu

body

miri

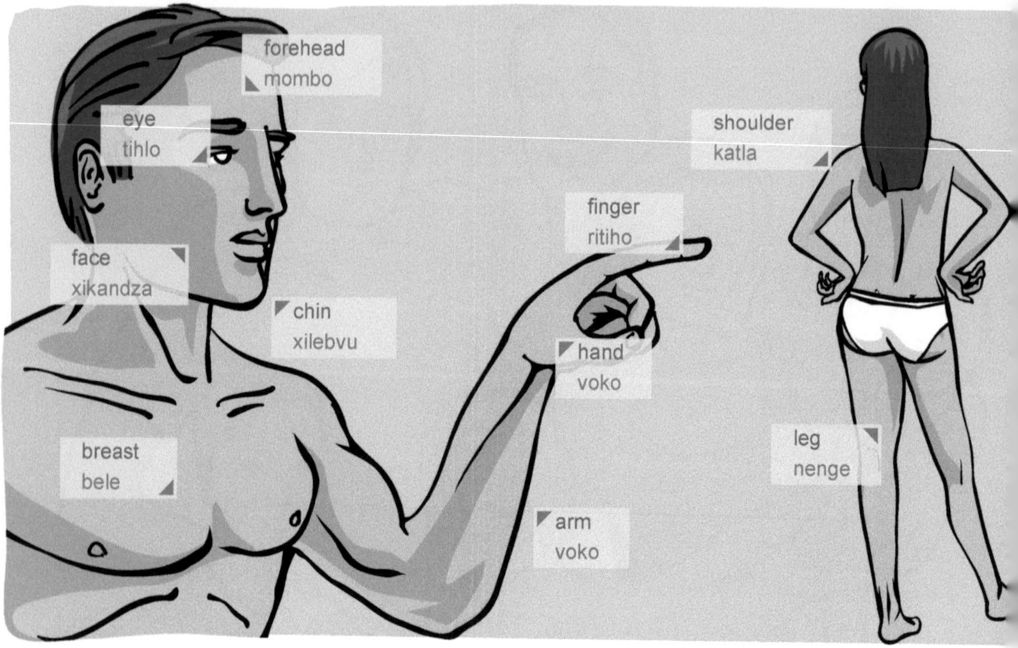

forehead
mombo

eye
tihlo

shoulder
katla

finger
ritiho

face
xikandza

chin
xilebvu

hand
voko

breast
bele

leg
nenge

arm
voko

baby

nwana

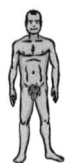

man

n'wanuna

woman

nw'ansati

girl

nhwanyana

boy

mfana

head

nhloko

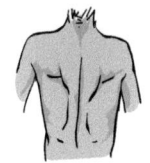

back
nhlana

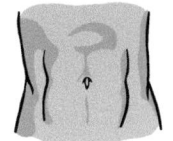

belly
khwiri

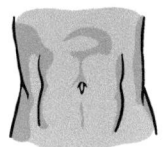

navel
nkava

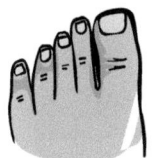

toe
xikunwani

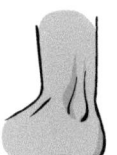

heel
xirhenze

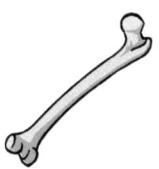

bone
rhambu

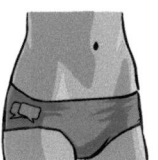

hip
nyonga

knee
tsolo

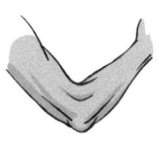

elbow
xikokola

nose
nompfu

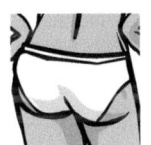

buttocks
xisuti

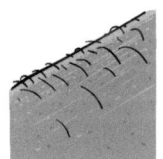

skin
nhlonge

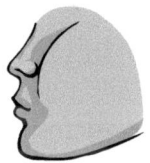

cheek
rhama

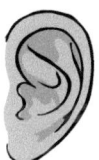

ear
ndlebe

lip
nomu

body - miri

mouth

nomu

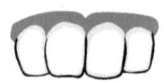

tooth

tinyo

tongue

ririmi

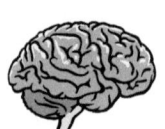

brain

byongo

heart

mbilu

muscle

nsiha

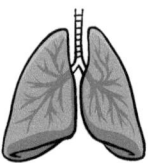

lung

hahu

liver

vixindzi

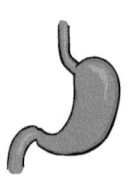

stomach

khwiri

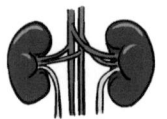

kidneys

tinso

sex

masangu

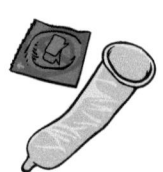

condom

khondomu

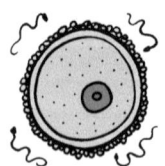

ovum

tandza

semen

mbewu ya vununa

pregnancy

nyimba

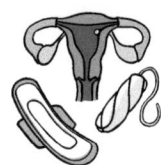

menstruation

kuya enkarhini

vagina

muhocho

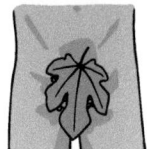

penis

xiluma

eyebrow

tinxiyi

hair

misisi

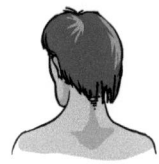

neck

nhamu

hospital
xibedlhele

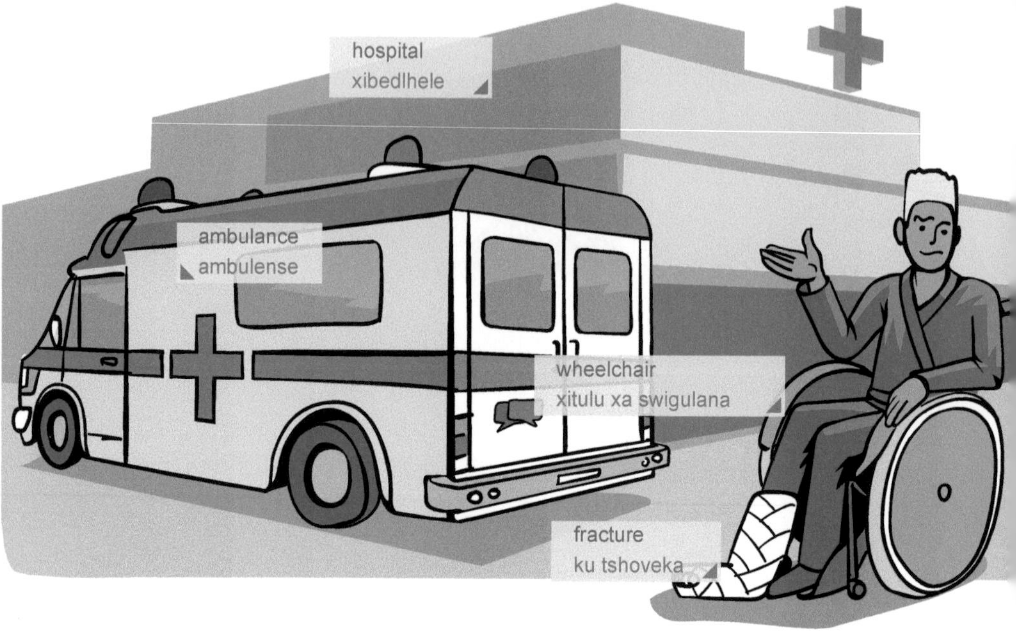

hospital
xibedlhele
ambulance
ambulense
wheelchair
xitulu xa swigulana
fracture
ku tshoveka

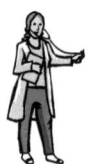

doctor

dokodela

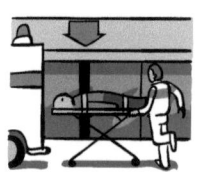

emergency room

kamara ra xilamulela-mhango

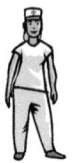

nurse

muongori

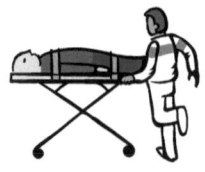

emergency

xihatla

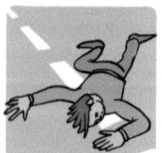

unconscious

ku titivala

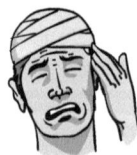

pain

kuvava

injury

ku vaviseka

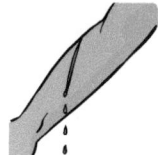

bleeding

mpfempfa ngati

heart attack

ku hlaseriwa himbilu

stroke

ku oma swirho

allergy

rinyenyo

cough

khohlola

fever

xifumbu

flu

mukhuhlwana

diarrhea

nchuluko

headache

ku pandza ka nhloko

cancer

khensa

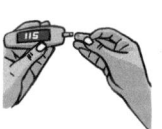

diabetes

chukela

surgeon

dokodela

scalpel

mukwana

operation

vuhandzuri

CT

CT

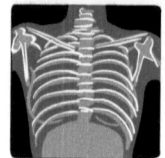

x-ray

x-rheyi

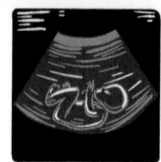

ultrasound

muchini wo yingisela
ntshuka-ntshuko

face mask

xo tipfala tinhomfu

disease

vuvabyi

waiting room

kamara ro rindza

crutch

nhonga

plaster

semendhe

bandage

bandhichi

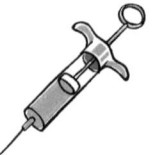

injection

neleta

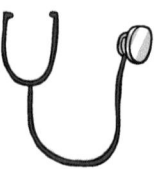

stethoscope

muchini wa madokodela wa
ku yingisa

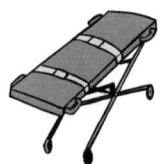

stretcher

rihlaka

clinical thermometer

xipima-mahiselo

birth

ku veleka

overweight

ku nyuhela

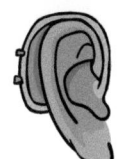

hearing aid

swipfuneta-ku-twa

disinfectant

khemikhale yo dlaya
switsongwatsongwana

infection

switsongwatsongwana

virus

xitsongwatsongwana

HIV / AIDS

HIV / AIDS

medicine

miri

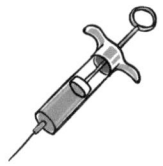

vaccination

nayiti

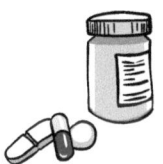

tablets

maphilisi

pill

pilisi

emergency call

riqingho ra xihatla

blood pressure monitor

muchini wo kamba
nsusumeto wa ngati

ill / healthy

vabya / hanya

Help!

Pfunani!

alarm

bele

assault

ku hlaseriwa

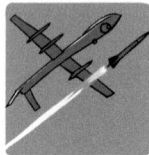

attack

hlasela

danger

khombo

emergency exit

nyangwa wo huma loko ku ri ni mhango

Fire!

Ndzilo!

fire extinguisher

xo tima ndzilo

accident

mhangu

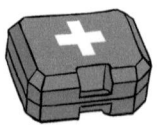

first-aid kit

bokisi ra xilamulela-mhango

SOS

SOS

police

phorisa

Europe

Yuropa

North America

Amerika N'walungu

South America

Amerika Dzonga

Africa

Afrika

Asia

Asia

Australia

Australia

Atlantic

Atlantic

Pacific

Pacific

Indian Ocean

Lwandle-nkulu ra Indiya

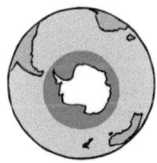

Antarctic Ocean

Lwandle-nkulu ra Antarctic

Arctic Ocean

Lwandle-nkulu ra Arctic

North pole

North Pole

South pole
....
South Pole

Antarctica
....
Antarctica

earth
....
Misava

land
....
tiko

sea
....
lwandle

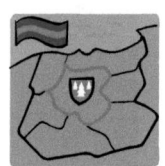

island
....
xihlala

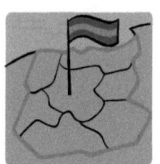

nation
....
rixaka

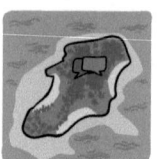

state
....
tiko

clock face

xikomba nkarhi

hour hand

xikomba-tiawara

minute hand

xikomba-timineti

second hand

xikomba-tisekoni

What time is it?

I nkarhi muni?

day

siku

time

nkarhi

now

sweswi

digital watch

wachi leyi tshavatelaka

minute

minete

hour

awara

week

viki

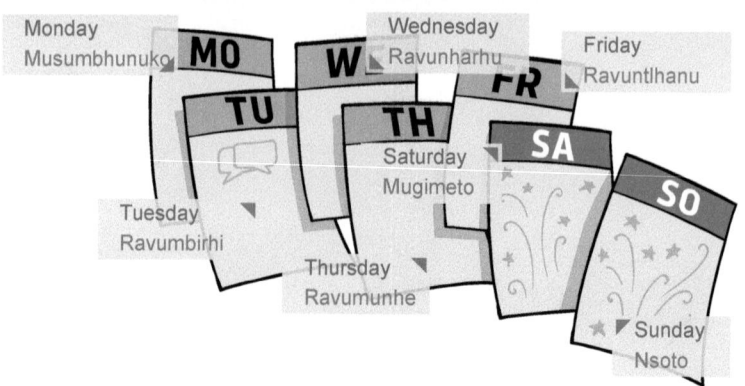

Monday
Musumbhunuko

Tuesday
Ravumbirhi

Wednesday
Ravunharhu

Thursday
Ravumunhe

Friday
Ravuntlhanu

Saturday
Mugimeto

Sunday
Nsoto

yesterday

tolo

today

namuntlha

tomorrow

mundzuku

morning

mixo

noon

nhlekani

evening

madyambu

workdays

masiku ya ntirho

weekend

mahelo vhiki

year

lembe

rain
mfpula
rainbow
nkwangulatilo
snow
gamboko
wind
moya
spring
xumun'wana
fall
xixikana
summer
ximumu
winter
xixika

4.APRIL 11°
5.APRIL 4°
6.APRIL 13°
7.APRIL 8°
8.APRIL 10°

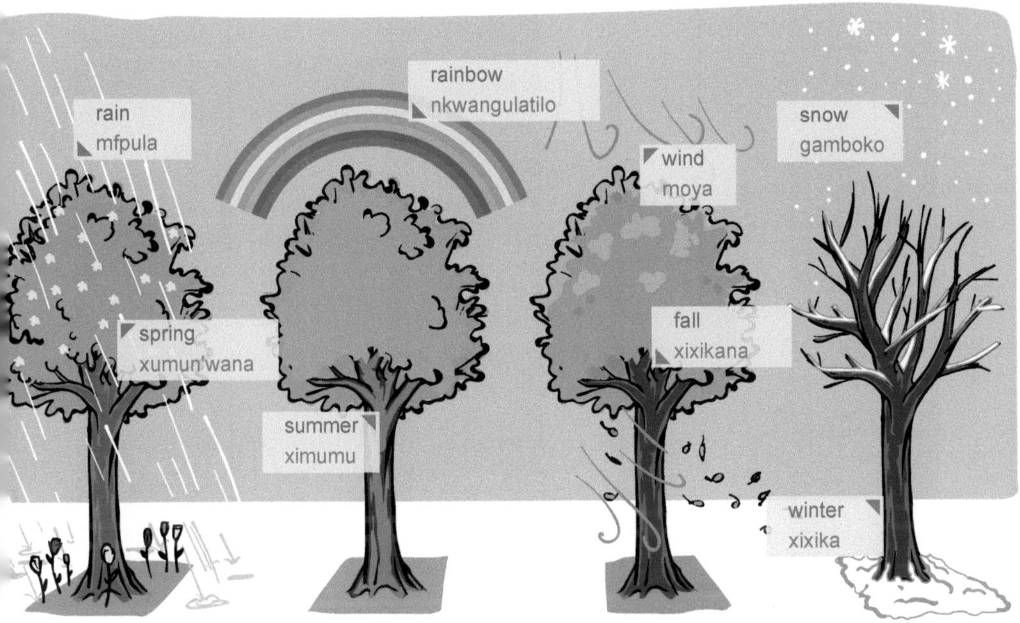

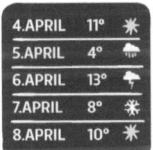

weather forecast

vumbha tamaxelo

F C
120 40
90 30
60 20
30 10
0 0
-30 -10
-20

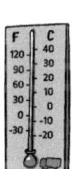

thermometer

xipima-mahiselo

sunshine

dyambu

cloud

papa

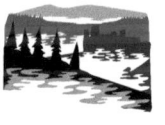

fog

hunguva

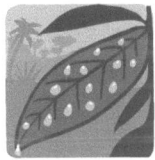

humidity

kutsakama

lightning

rihati

thunder

dzindza-tilo

storm

xidzedze

hail

xihangu

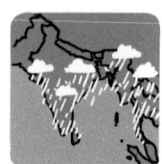

monsoon

mpfula

flood

ndhambi

ice

ayisi

January

Sunguti

February

Nyenyenyana

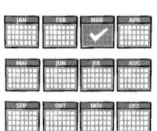

March

Nyenyankulu

April

Dzivamusoko

May

Mudyaxihi

June

Khotavuxika

July

Mawuwani

August

Mhawuri

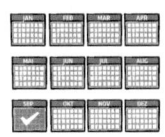

September

Ndzhati

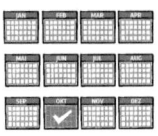

October

Nhlangula

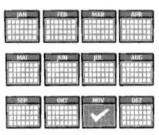

November

Hukuri

December

N'wendzamhala

shapes
swivumbeko

circle

xirendzevutana

square

xikwere

rectangle

matlhelo ya mune

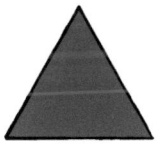

triangle

xivunguvungu xa tintlha
tinharhu

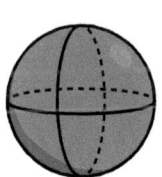

sphere

bolo

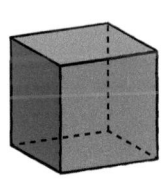

cube

cube

white
....
basa

yellow
....
xitshopana

orange
....
lamula

pink
....
tshwukanyana

red
....
tshwuka

purple
....
xigunguvungu

blue
....
wasi

green
....
rihlaza

brown
....
buraweni

gray
....
mpunga

black
....
ntima

a lot / a little

swo tala / swi tsongo

angry / calm

hlundzukile / rhurile

beautiful / ugly

sasekile / bihile

beginning / end

masungulo / makumo

big / small

kulu / tsongo

bright / dark

vangama / munyama

brother / sister

buti / sesi

clean / dirty

basile / chakile

complete / incomplete

helerile / helelangiki

day / night

siku / vusiku

dead / alive

file / hanyaka

wide / narrow

pfulekile / pfalekile

edible / inedible

swa dyiwa / a swi dyiwi

evil / kind

homboloka / lunghile

excited / bored

tsakile / phirekile

fat / thin

nyuhela / lala

first / last

masungulo / makumo

friend / enemy

mungana / nala

full / empty

tele / hava

hard / soft

tiyile / olova

heavy / light

tika / vevuka

hunger / thirst

ndlala / torha

ill / healthy

vabya / hanya

illegal / legal

swi ngariki enawini / enawini

intelligent / stupid

tlharihile / xiphukuphuku

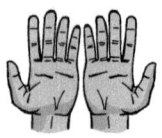

left / right

ximati / xinene

near / far

akusuhi / kule

new / used

yintshwa / tirhisiwile

nothing / something

hava / xin'wana

old / young

dyuharile / muntshwa

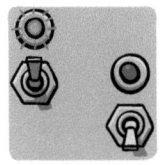

on / off

xarirha / xitimile

open / closed

pfurile / pfariwile

quiet / loud

myerile / huwa

rich / poor

fuwile / xisiwana

right / wrong

swinene / bihile

rough / smooth

khwasha / reta

sad / happy

vaviseka / tsaka

short / long

koma / leha

slow / fast

hlwela / hatlisa

wet / dry

tsakama / oma

warm / cool

kufumela / titimela

war / peace

nyimpi / kurhula

numbers
nomboro

0	**1**	**2**
zero	one	two
noto	n'we	mbirhi
3	**4**	**5**
three	four	five
nharhu	mune	ntlhanu
6	**7**	**8**
six	seven	eight
ntsevu	nkombo	nhungu
9	**10**	**11**
nine	ten	eleven
nkaye	khume	khume n'we

12

twelve

khume mbirhi

13

thirteen

khume nharhu

14

fourteen

khume mune

15

fifteen

khume ntlhanu

16

sixteen

khume ntsevu

17

seventeen

khumbe nkombo

18

eighteen

khume nhungu

19

nineteen

khume nkaye

20

twenty

makhume mambirhi

100

hundred

dzana

1.000

thousand

gidi

1.000.000

million

gidi ya magidi

English

Xinghezi

American English

Xinghezi xa Amerika

Chinese Mandarin

Xichayina xa Mandarin

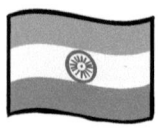

Hindi

Xihindi

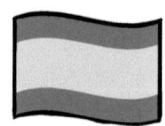

Spanish

Xipaniya

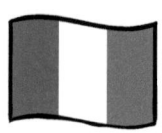

French

Xifurwa

Arabic

Xiarabu

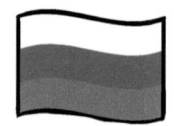

Russian

Xirhaxiya

Portuguese

Xiputukezi

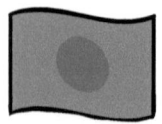

Bengali

Xibengali

German

Xijarimani

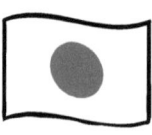

Japanese

Xijapani

I

mina

you

wena

he / she / it

yena / yena / xona

we

hina

you

n'wina

they

vona

who?

mani?

what?

yini?

how?

njhani?

where?

kwihi?

when?

rhini?

name

vito

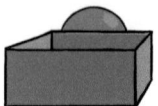

behind

endzaku

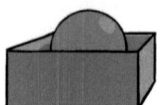

in

ahehla

in front of

emahlweni a

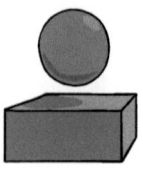

over

ahenhla ka

on

eka

under

ehansi

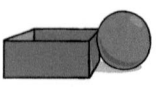

beside

handle ka

between

exikarhi ka

place

ndhawu